BEI GRIN MACHT SICH IHR WISSEN BEZAHLT

- Wir veröffentlichen Ihre Hausarbeit, Bachelor- und Masterarbeit

- Ihr eigenes eBook und Buch - weltweit in allen wichtigen Shops

- Verdienen Sie an jedem Verkauf

Jetzt bei www.GRIN.com hochladen und kostenlos publizieren

International Classification of Functioning, Disability and Health (ICF), Transaktionales Stressmodell von Lazarus und Modelle zu Einflüssen von Arbeit auf Gesundheit

Bibliografische Information der Deutschen Nationalbibliothek:

Die Deutsche Nationalbibliothek verzeichnet diese Publikation in der Deutschen Nationalbibliografie; detaillierte bibliografische Daten sind im Internet über http://dnb.d-nb.de abrufbar.

ISBN: 9783346678300
Dieses Buch ist auch als E-Book erhältlich.

Druck und Bindung: Books on Demand GmbH, Norderstedt Germany
Gedruckt auf säurefreiem Papier aus verantwortungsvollen Quellen

Das vorliegende Werk wurde sorgfältig erarbeitet. Dennoch übernehmen Autoren und Verlag für die Richtigkeit von Angaben, Hinweisen, Links und Ratschlägen sowie eventuelle Druckfehler keine Haftung.

Das Buch bei GRIN: https://www.grin.com/document/1245245

Einführung in die

Rehabilitationspsychologie

Einsendeaufgabe - *Alternative B*

Studiengang: Psychologie B.Sc.

Abgabedatum: 18.05.2022

Inhaltsverzeichnis

Abkürzungsverzeichnis

Abb.	Abbildung
bzw.	beziehungsweise
d.h.	das heißt
ICF	international Classification of Functioning, Disability and Health
ICD	international statistifical classification of deseases and related health problems
Kap.	Kapitel
S.	Seite
SGB	Sozialgesetzbuch
u.	unbekannt
vgl.	vergleiche
WHO	world health organisation
z.B.	zum Beispiel

Abbildungsverzeichnis

1. Aufgabe B1- Konstrukte und Nutzen der ICF

1.1 Einführung

Die folgenden Unterkapitel beinhalten allgemeine sowie vor allem spezifische, auf den vorliegenden Fall zugeschnittene, Aspekte. Dabei stellt ein Mensch, der unter Depression leidet, das Fallbeispiel dar. Die Depression wurde in dem vorliegenden Fall mitunter durch den Verlust des Arbeitsplatzes ausgelöst. Die Person ist nun schon seit längerer Zeit arbeitslos und zieht sich aus dem gesellschaftlichen Leben sukzessive zurück. Dies ist vor allem durch soziale Isolation und einer damit einhergehenden mangelnden Kommunikation sowie mangelnden Mobilität gekennzeichnet. Dennoch ist die Person qualifiziert und möchte wieder anfangen zu arbeiten, um somit auch der Depression entgegen zu wirken. Deswegen nimmt sie gerne an einer Maßnahme zur beruflichen Wiedereingliederung teil. Im Folgenden wird das Konstrukt sowie der Nutzen der ICF (International classification of functioning, disability and health) im Rahmen einer beruflichen Wiedereingliederung anhand dieses Fallbeispiels dargestellt.

1.2 Konstrukte

Der ICF kann als internationale Klassifikation der Funktionsfähigkeit, Behinderung und Gesundheit aufgefasst werden, welche von der WHO konzipiert und im Jahre 2001 veröffentlicht wurde. Dabei war das Ziel, den ICF zur Anwendung auf verschiedene Aspekte der Gesundheit zu nutzen sowie eine standardisierte allgemeine Sprache zu konzipieren, welche den weltweiten Austausch über Gesundheit und gesundheitliche Versorgung zwischen verschiedenen Disziplinen ermöglichen soll. Ferner stellt der ICF ein systematisches Verschlüsselungssystem für Gesundheitsinformationssysteme bereit. Außerdem können mithilfe des ICF Datenvergleiche zwischen verschiedenen Ländern ermöglicht werden. Hervorzuheben ist, dass der ICF keine Personen, sondern vielmehr Situationen von Personen mittels der Gesundheits- oder mit Gesundheit zusammenhängender Domänen klassifiziert. Auch können nicht nur Betroffene, sondern auch „gesunde" Menschen samt deren Situationen und Lebensverhältnissen klassifiziert werden. Zudem lässt sich anmerken, dass beim ICF im Gegensatz zum ICD nicht das Krankheitsmodell bzw. die jeweilige Krankheit, sondern der Schweregrad der Ausprägung sowie die Beeinträchtigung im Alltag einer Person kommuniziert wird. Die Funktionsbeurteilung leitet sich also nicht direkt aus dem Krankheitsbild ab. An dieser Stelle lässt sich erwähnen, dass das ICF als Ergänzung zum ICD genutzt werden kann.[1]

Die Basis für den ICF wird durch das biopsychosoziale Modell der Funktionsfähigkeit und Behinderung gegeben. Deswegen erlaubt der ICF eine Beschreibung von Funktionsfähigkeit mittels verschiedenen Aspekten bzw. Domänen. Konkreter impliziert der ICF die Komponenten „Körperfunktionen" und „Körperstrukturen" sowie „Aktivitäten und Partizipation". Ferner werden als Kontextfaktoren Umweltfaktoren und personenbezogene Faktoren berücksichtigt.[2] Dabei beinhaltet die Komponente „Körperfunktionen" mitunter die Aspekte bzw. Domänen *mentale Funktionen, Sinnesfunktionen und Schmerz, Stimm- und Sprechfunktionen, Neuromuskuloskeletale und bewegungsbezogene Funktionen* sowie *Funktionen des kardiovaskulären, hämatologischen, Immun- und Atmungssystems*. Die Komponente „Körperstruktur" impliziert hingegen mitunter *Strukturen des Nervensystems, Strukturen des kardiovaskulären, des Immun- und Atmungssystems, Strukturen*, die an der *Stimme* und dem *Sprechen* beteiligt sind sowie mit dem *Verdauungs-, Stoffwechsel- und endokrinen System in* Zusammenhang stehende *Strukturen*. Die Komponente „Aktivitäten und Partizipation" beinhaltet unter anderem Domänen wie *Kommunikation, Interpersonale Interaktionen und Beziehungen, Allgemeine Aufgaben und Anforderungen, Mobilität, Gemeinschafts-, soziales und staatsbürgerliches Leben, Selbstversorgung* sowie *Wissensanwendung*. Unter der Komponente „Umweltfaktoren" können äußere Einflüsse auf die Funktionsfähigkeit und Behinderung verstanden werden. Darunter fallen mitunter die Aspekte *soziale Unterstützung* sowie *Veränderungen der Umwelt*. Als personenbezogene Faktoren können die inneren Einflüsse von Persönlichkeitsmerkmalen auf die Funktionsfähigkeit verstanden werden. Allerdings werden die personenbezogenen Faktoren im ICF nicht weiter systematisiert bzw. klassifiziert.[3]

Insgesamt besteht der ICF aus 1424 Kategorien, wobei auch eine Kurzversion mit 362 Kategorien existiert. Ferner ist auch eine Checkliste vorhanden, welche die zentralen Kategorien des ICF beinhaltet. Das Ziel der ICF Checkliste besteht darin, Informationen bezüglich der Funktionsfähigkeit und Behinderung einer

---

[1] Vgl. Baumann (2019), S.22-24
[2] Vgl. Coenen, Rudolf, Kus, Dereskewitz (2018), S.787-788
[3] Vgl. Rentsch, Bucher (2005), S.18-26

Person zu gewinnen. Die durch die Checkliste herausgefundenen Informationen können dann als Fallbeschreibungen zusammengefasst werden. Dabei existieren für den Schweregrad der Beeinträchtigung in Verbindung mit den Komponenten Scores von 0-9, wobei bei dem Wert 0 das Problem nicht vorhanden, bei dem Wert 1 das Problem leicht ausgeprägt, bei dem Wert 2 das Problem mäßig ausgeprägt, bei dem Wert 3 das Problem erheblich ausgeprägt und bei dem Wert 4 das Problem voll ausgeprägt ist. Der Wert 8 wird nur angegeben, wenn der Schweregrad nicht spezifizierbar ist. Der Wert 9 hingegen wird dann angegeben, wenn keine Anwendung möglich ist. Das Problem und dessen Schweregrad bei einem Sachverhalt wird also durch ein Item (xxx) und dem jeweiligen Score beschrieben. Bei Umweltfaktoren kann anstelle eines Punktes ein Pluszeichen verwendet werden, sofern sie als Förderfaktoren fungieren. Das Beurteilungsmerkmal ist ordinal skaliert.[4]

Die folgende Abbildung veranschaulicht die Struktur hinsichtlich der Skalierung.

Score	Benennung	Prozentintervall (Assessment)
xxx.0:	Problem **nicht vorhanden** (kein, ohne, vernachlässigbar, ...)	0 – 4 %
xxx.1:	Problem **leicht** ausgeprägt (gering, niedrig, ...)	5 – 24 %
xxx.2:	Problem **mäßig** ausgeprägt (mittel, ziemlich, ...)	25 – 49 %
xxx.3:	Problem **erheblich** ausgeprägt (hoch, extrem, ...)	50 – 95 %
xxx.4:	Problem **voll** ausgeprägt (vollständig, komplett, ...)	96 – 100 %
xxx.8:	Problem nicht spezifiziert	
xxx.9:	Beurteilungsmerkmal nicht anwendbar	

Abb.1: Skalierung ICF
Quelle: Schuntermann (2009), S.93

Um die Funktionsfähigkeit eines Individuums anhand der ICF ausführlich zu beschreiben, sind in der Regel mehrere Codes aus allen Komponenten notwendig. Dabei ist die Komponente „Körperfunktionen" mit dem Buchstaben b, „Körperstrukturen" mit dem Buchstaben s, „Aktivitäten und Partizipation" mit dem Buchstaben d, „Umweltfaktoren" mit dem Buchstaben e und „personenbezogene Faktoren" mit dem Buchstaben i determiniert. Es gilt in diesem Kontext anzumerken, dass die Funktionen hierarchisch angeordnet sind und sich auf verschiedenen Gliederungsebenen befinden. So befinden sich beispielsweise im Rahmen des Kapitels b (Körperfunktionen) die mentalen Funktionen auf b1, Funktionen der psychischen Energie und des Antriebs auf b130 (zweite Itemebene) und

---

[4] Vgl. Schuntermann (2009), S.90-93

Motivation auf b1301 (dritte Itemebene). Demnach beinhalten höhere Ebenen immer niedrigere und detailliertere Ebenen. Die Codierungen samt deren Länge fallen also in Abhängigkeit von den entsprechenden Komponenten sowie deren Kategorien und Itemebenen aus.[5] Die folgende Abbildung veranschaulicht nochmals die Grundstruktur des ICF.

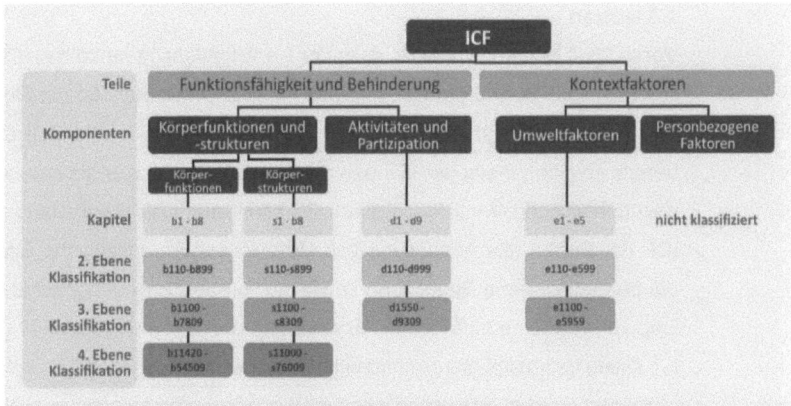

Abb.2: Grundstruktur ICF
Quelle: Coenen, Rudolf, Kus, Dereskewitz (2018), S.790

In Anbetracht des vorliegenden Falls ergeben sich vor allem Defizite bei den Komponenten „Körperfunktionen" (b) sowie „Aktivitäten und Teilhabe" (d) aber auch bei den Komponenten „Körperstrukturen" (s) und „Umweltfaktoren" (e). Konkreter sind bei dem vorliegenden Fall vor allem die mentalen Funktionen (b1), Allgemeine Aufgaben und Anforderungen (d2), Gemeinschafts,- soziales und staatsbürgerliches Leben (d9), Interpersonale Interaktionen und Beziehungen (d7), die Mobilität (d4) sowie die Kommunikation (d3) beeinträchtigt. Ferner sind auch Strukturen des Nervensystems (s1) sowie äußere Unterstützung und Beziehung (e3) betroffen. Personenbezogene Faktoren wurden nicht beachtet. Insgesamt sind also Probleme aus allen Bereichen bzw. Komponenten zu beobachten, wobei Probleme aus dem Bereich der Partizipation und Aktivitäten besonders hervorstechen. Es gilt an dieser Stelle nochmals anzumerken, dass die Probleme meistens nicht die ganze Domäne, sondern nur einzelne Aspekte der jeweiligen Domäne betreffen. So ist im vorliegenden Fall beispielsweise die

---

[5] Vgl. Gebhard, Möller- Dreischer, Seidel (2018), S.194

Motivation, also die Antriebskraft zum Handeln bzw. zur beruflichen Wiederein-gliederung als positiv einzustufen, während andere Aspekte dieser Domäne der „mentalen Funktionen" als behindernd einzustufen sind. Auf eine ausführlichere Darstellung der einzelnen Codierungen des vorliegenden Falls wurde aufgrund der limitierten Seitenvorgabe verzichtet.

1.3 Nutzen

Vorab lässt sich konstatieren, dass der Partizipationsgedanke des ICF maßgeb-lich das SGB IX geprägt hat. In diesem Sozialgesetzbuch ist die Rehabilitation und Teilhabe behinderter Menschen geregelt.[6] Wie im vorherigen Unterkapitel bereits erwähnt, bietet der ICF den großen Nutzen, dass er als Instrument in der gesundheitlichen Versorgung dient. So kann durch die Beurteilung mittels des ICF der Bedarf, die Anpassung von Maßnahmen an spezifische Bedingungen, die berufsbezogene Beurteilung sowie die Rehabilitation eingeschätzt werden.[7] Dadurch wird eine individuelle Handhabung mit dem jeweiligen Fall gewährleis-tet. Diese beinhaltet alle gesundheitsrelevanten Komponenten. Es kann also ein-geschätzt werden, ob und in welchen Bereichen das Individuum welche Unter-stützung braucht, um die Teilhabe und Selbstbestimmung zu ermöglichen bzw. zu verbessern. Dadurch soll auch eine gewisse Chancengleichheit gewährleistet werden.[8] Ferner ist zu ergänzen, dass die (weltweite) gesundheitsbezogene Kommunikation sowie der Datenvergleich verschiedener Länder weitere Nutzen des ICF darstellen.

Bei dem vorliegenden Fall könnte durch eine Kooperation, etwa zwischen Reha-bilitationsträgern und Leistungserbringern, mithilfe des ICF eingeschätzt werden, dass vor allem Unterstützungen in den Bereichen „Aktivitäten und Partizipation" notwendig sind. Die Motivation kann hingegen als Ressource aufgefasst werden. Diese wertvollen Informationen sollten dann von dem Leistungsbringer berück-sichtigt werden, sodass die Wahrscheinlichkeit für eine erfolgreiche berufliche Wiedereingliederung sowie die Teilhabe und Selbstbestimmung erhöht wird.

---

[6] Vgl. Baumann (2019), S.42
[7] Vgl. Schuntermann et al. (2005), S.11
[8] Vgl. Grampp (2018), S.102

2. Aufgabe B2- Transaktionales Stressmodell von Lazarus und dessen Anwendung bei Rehabilitationsmaßnahmen

2.1 Darstellung

Das von Richard Lazarus entworfene transaktionale Stressmodell betrachtet Stresssituationen als komplexe und dynamische Interaktions- und Transaktionsprozesse zwischen den Anforderungen der Situation und dem handelnden Individuum. Da das Modell zur Zeit der kognitiven Wende konzipiert wurde, werden kognitive sowie emotionale Bewertungen als auch die verfügbaren Bewältigungsmöglichkeiten einer Person berücksichtigt. Das Modell geht also über den objektiven Sachverhalt hinaus. Auch geht das Modell, im Gegensatz zu reaktions- oder reizorientierten Stressmodellen, nicht von einem einfachen Wirkungsschema eines Reizes aus, der eine Reaktion hervorruft.[9]

Im Rahmen des transaktionalen Stressmodells von Lazarus bewertet ein Individuum zunächst, ob ein Reiz bzw. eine Situation relevant ist und vor allem, ob dieser Reiz eine positive oder negative bzw. belastende Auswirkung auf das eigene Wohlbefinden hat. Es wird also die Relevanz sowie die Auswirkung bzw. mögliche Bedrohung des Reizes bewertet. Dieser Vorgang wird auch als primäre Bewertung („primary appraisal") bezeichnet. Sofern der Reiz im Rahmen der primären Bewertung als bedrohlich eingeschätzt wurde, folgt eine sekundäre Bewertung („secondary appraisal"). Hierbei wird eingeschätzt, ob die vorhandenen Bewältigungsressourcen für eine erfolgreiche Bewältigung ausreichen. Dabei existieren verschiedene Bewältigungsstrategien bzw. Coping- Strategien, auf die im Weiteren näher eingegangen wird. Im letzten Schritt bewertet das Individuum den Erfolg der Bewältigungsstrategie. Dies wird auch als Neubewertung („reppraisal") bezeichnet. Diese Neubewertung kann dazu führen, dass zuvor gefährliche Reize bzw. Situationen zukünftig nur noch als herausfordernd bewertet werden. Umgekehrt können aber auch Reize bzw. Situationen, die zuvor nur als herausfordernd eingeschätzt wurden, zukünftig als bedrohlich eingestuft werden, sofern die erfolgreiche Bewältigung gescheitert ist. Letztendlich entsteht nach dem transaktionalen Stressmodell von Lazarus dann Stress, wenn ein Reiz bzw.

---

[9] Vgl. Nerdinger, Blickle, Schaper (2011), S.479

eine Situation als bedrohlich wahrgenommen wird und die Bewältigungsressourcen für eine erfolgreiche Bewältigung nicht ausreichen.[10]

Hinsichtlich der Bewältigungsstrategien bzw. Coping- Strategien lässt sich feststellen, dass Coping als Prozess der Bewältigung diverser interner und externer Anforderungen, welche die eigenen Ressourcen beanspruchen, aufgefasst werden kann. Dabei bestehen nach Lazarus zwei grundsätzliche Coping- Kategorien, das problembezogene Coping sowie das emotionsbezogene Coping. Während das emotionsbezogene Coping darauf abzielt, die negativen Emotionen zu kontrollieren bzw. zu regulieren, beschäftigt sich das problembezogene Coping mit der Bedingung für die Bedrohung (Person- Umwelt- Verhältnis).[11] Es gilt an dieser Stelle anzumerken, dass innerhalb beider Kategorien vier gleiche Coping-Stile existieren. So lässt sich innerhalb beider Kategorien zwischen der Informationssuche, dem Unterlassen von Handlungen, dem direkten Handeln und dem intrapsychischen Bewältigen unterscheiden.[12] Ferner lassen sich die Coping-Strategien in acht Subskalen unterteilen. Dabei existiert nach Lazarus das konfrontative Coping, die Distanzierung, die Selbstkontrolle, die Suche nach sozialer Unterstützung, das Akzeptieren eigener Verantwortung, die Flucht/ Vermeidung, das planvolle Problemlösen sowie die positive Neubewertung.[13] Welche Strategien genutzt werden, ist personen- sowie situationsabhängig. Es gilt an dieser Stelle anzumerken, dass Coping als sich verändernden Prozess aufgefasst werden kann, der eng mit Kontextfaktoren, wie den Lebensbedingungen und dem Alter, verknüpft ist.[14] Demnach lässt sich keine generalisierte Aussage dahingehend treffen, welche Bewältigungsstrategie besser bzw. funktionaler und welche schlechter bzw. dysfunktionaler ist. Aussagen über die Wirksamkeit der Strategie sind also individuell anzupassen, wobei das subjektive Wohlbefinden als Indikator für eine erfolgreiche Bewältigung(-sstrategie) herangezogen werden kann. Allerdings gilt es hierbei anzumerken, dass eine Coping- Strategie nicht als funktional bezeichnet werden kann, sofern sie zu einer weiteren Belastung führt, auch wenn sie temporär zum Wohlbefinden beiträgt.[15] So könnte beispielsweise im Rahmen des emotionsbezogenen Coping in Stresssituationen Alkohol

---

[10] Vgl. Heinrichs, Stächele, Domes (2015), S.24-26
[11] Vgl. Nerdinger, Blickle, Schaper (2011), S.479
[12] Vgl. Becker (2014), Kap. 2.4.1
[13] Vgl. Krohne (2010), S.83
[14] Vgl. Baumann (2019), S.47-48
[15] Vgl. Seiffge- Krenke, Lohaus (2007), S.18-19

konsumiert werden, um negative Emotionen zu dämmen. Dadurch kann das temporäre Wohlbefinden tatsächlich wiederhergestellt werden. Längerfristig kann sich jedoch eine Alkoholabhängigkeit entwickeln, was mit weiteren schwerwiegenden Belastungen verbunden ist.

Die folgende Abbildung veranschaulicht nochmals die Struktur und die Prozesse des transaktionalen Stressmodells von Richard Lazarus.

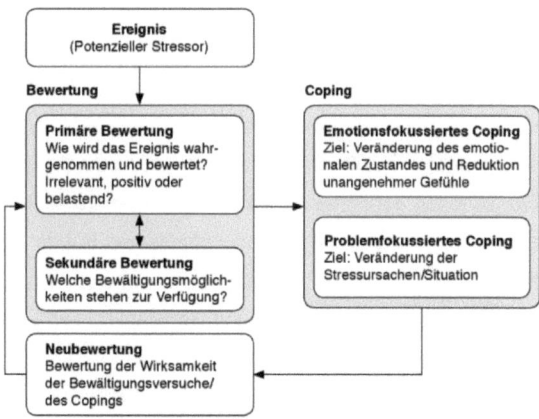

Abb.3: Transaktionales Stressmodell von Lazarus
Quelle: Heinrichs, Stächele, Domes (2015), S.25

2.2 Anwendung in der Rehabilitation

Zunächst lässt sich konstatieren, dass die Aspekte Stress und Stressbewältigung in der Rehabilitation und den damit einhergehenden Interventionen eine wichtige Rolle haben. Dies liegt mitunter darin begründet, dass eine Erkrankung aber auch eine Krankheitsdiagnose für das betroffene Individuum eine Belastung und somit Stress darstellt.[16] Auch gehen mit der Erkrankung verschiedene, je nach Art der Erkrankung (z.B. physisch oder psychisch) und dem Ausmaß der Erkrankung bzw. dem Krankheitsstadium sowie der Lebensphase weitere (psychosoziale) Einschränkungen und Belastungen einher. Ferner wird auch der Verlauf einer Erkrankung durch Stress und dessen Umgang mitbeeinflusst. Es gilt an dieser Stelle anzumerken, dass eine negative Korrelation zwischen Stress und Gesundheit sowie eine positive Korrelation zwischen Stressbewältigung und Gesundheit entsprechend empirisch belegt ist. Die Aufgabe der betroffenen Person besteht

---

[16] Vgl. Baumann (2019), S.48

darin, die Belastungen und somit den Stress auszugleichen oder zu meistern.[17] Deswegen beinhalten einige Interventionen in der Rehabilitation auch Ansätze, die auf die erfolgreiche Stressbewältigung abzielen. Viele dieser Ansätze basieren auf dem transaktionalen Stressmodell von Richard Lazarus.[18]

In den folgenden Unterkapiteln werden die Vor- (Pro) und Nachteile (Kontra) des transaktionalen Stressmodells speziell im Zusammenhang mit Interventionen in der Rehabilitation dargestellt.

2.2.1 Pro

Zunächst lässt sich feststellen, dass das transaktionale Stressmodell von Lazarus durch die Erkenntnisse eines Experiments entstanden ist. Ferner konnte das Modell weiteren empirischen Überprüfungen standhalten.[19] Deswegen liegen Interventionen in der Rehabilitation, die auf dem transaktionalen Stressmodell basieren, einem ordentlichen wissenschaftlichen Fundament zugrunde. In diesem Kontext gilt es nochmals hervorzuheben, dass von einem positiven Einfluss von erfolgreicher Stressbewältigung auf die Krankheit und den Verlauf sowie die Rehabilitation ausgegangen wird.[20] Folgerichtig ist also die Daseinsberechtigung von Interventionsprogrammen, die auf dem Stressmodell von Lazarus basieren und auf die Stressbewältigung abzielen.

Dabei kann der Einsatz von (kognitiven) Bewältigungsstrategien einen Beitrag zur Eigenverantwortung (empowerment) des Individuums leisten. Dadurch, dass an den individuellen Bewältigungsstrategien des Individuums gearbeitet wird, wird eine aktive Rolle im Rehabilitationsprozess eingenommen. Diese erfolgreiche Partizipation an dem Rehabilitationsprozess kann sich z.B. in Form von Adhärenz zeigen. Ferner kann durch die aktive Teilnahme des Individuums im Rehabilitationsprozess die Selbstwirksamkeitserwartung gesteigert werden. Letztlich kann der Verlauf der Rehabilitation durch den Einsatz von erfolgreichen Bewältigungsstrategien und die damit einhergehende Partizipation und Eigenverantwortung sowie Selbstwirksamkeitserwartung positiv beeinflusst werden.[21]

---

[17] Vgl. Wolf- Kühn, Morfeld (2016), S.31-32
[18] Vgl. Stetina, Kryspin-Exner (2009), S.63
[19] Vgl. Hess (2017), S.151
[20] Vgl. Stächele, Heinrichs, Domes (2020), Kap. 2.3
[21] Vgl. Wolf- Kühn, Morfeld (2016), S.37; Seiffge- Krenke, Lohaus (2007), S.244

2.2.2 Kontra

Als nachteilig ist das mögliche Nicht- Erkennen des Leides der betroffenen Person zu betrachten. Dadurch, dass nach dem Modell subjektive Bewertungen bei der Auseinandersetzung von belastenden Ereignissen im Mittelpunkt stehen, kann die objektive Gegebenheit in den Hintergrund rücken. Hinsichtlich der Anwendung kann daraus ein Dogma entstehen, bei dem ein Erwartungsdruck zum positiven Denken bei dem betroffenen Individuum erzeugt wird, während das tatsächliche Leiden nicht erkannt wird. Ferner lässt sich ergänzen, dass tatsächliche kontextuelle Belastungen bzw. Belastungen aus der Umwelt übersehen werden können. Dabei wird die kognitive Bewertung thematisiert, anstatt die reale Veränderung der Situation.[22] So könnte es beispielsweise passieren, dass sich eine Rehabilitandin in dem zugeteilten Zimmer sehr unwohl fühlt, sodass dieses Zimmer ein Stressor darstellt. Anstatt die Situation zu verändern und ein anderes Zimmer zuzuteilen, würde dann eher an den Kognitionen der Rehabilitandin gearbeitet werden.

Es kann außerdem hinzugefügt werden, dass sich das Interesse einer aktiven Beteiligung, etwa im Rahmen eines Rehabilitationsprozesses, interindividuell unterscheidet. So sind beispielsweise jüngere Patienten und Patienten mit einem höherem Bildungsgrad stärker an einer Partizipation interessiert. Es sollte also vorab geklärt werden, inwieweit eine solche aktive Rolle erwünscht ist.[23]

Weiterhin als nachteilig kann die Individualität sowie die Inkonsistenz von funktionalen und dysfunktionalen Copingstrategien betrachtet werden. Es ist also im Rahmen von Interventionsmaßnahmen in der Rehabilitation nicht möglich, den Rehabilitanden allgemeine funktionale Copingstrategien beizubringen, die für jeden und in jeder Situation sinnvoll sind. Es ist also eine relativ individuelle Handhabung mit den Rehabilitanden erforderlich, was möglicherweise zu Lasten der Praktikabilität und Ökonomie stattfindet. Dennoch ist an dieser Stelle anzumerken, dass viele Interventionsprogramme zur Stressbewältigung zumindest teilweise auch in Gruppensettings stattfinden, da z.B. Phasen der Wissensvermittlung sozusagen auch im Kollektiv stattfinden können.[24]

---

[22] Vgl. Wolf- Kühn, Morfeld (2016), S.37
[23] Vgl. Loh, Härter (2009), S.375
[24] Vgl. Renneberg, Hammelstein (2006), S.222-223

3. Aufgabe B3- Modelle zu den Einflüssen von Arbeitsbedingungen auf die Gesundheit und deren Bedeutung für die Prävention und Rehabilitation

3.1 Job Demand- Control Modell

Das Job Demand- Control Modell wurde in den 1970er Jahren von dem US-amerikanischen Soziologen Robert Karasek entwickelt und zusammen mit dem schwedischen Kardiologen und Sozialepidemiologen Töres Theorell in einer Reihe von Studien getestet bzw. überprüft. Dabei dient das Modell der Einschätzung und Identifizierung von Belastungsfaktoren im Arbeitsumfeld sowie der Gesundheitsförderung in der Arbeitswelt. Der zentrale Gedanke des Modells besteht darin, dass sich Beanspruchungserfahrungen im Kontext der Arbeit aus der Interaktion zweier Dimensionen, der Dimension erlebter Arbeitsanforderungen (job demands) und der Dimension des Tätigkeitsspielraums bzw. Autonomie (job desicion latitude), ergeben.[25]

Dabei beschreibt die Dimension „Arbeitsanforderung" (psychologische) Stressoren bei der Arbeit. So können die Komplexität bzw. Schwierigkeit der Arbeitsaufgaben, die Aufgabendichte, soziale Konflikte oder der Zeitdruck in diesem Kontext als Stressoren aufgefasst werden. Hinsichtlich der Dimension „Tätigkeitsspielraum" lässt sich zunächst feststellen, dass hier zwischen Qualifikationsnutzung (skill discretion), also der Breite der Fertigkeiten, Fähigkeiten und Kenntnisse, und Entscheidungsspielraum (desicion authoritiy), also der Möglichkeit, eigenständig Entscheidungen zu treffen, unterschieden werden kann. Dabei gilt es anzumerken, dass die beiden Aspekte dieser Dimension meistens nicht gemeinsam auftreten. So ist beispielsweise ein Orchesterspieler hoch qualifiziert, hat aber nur wenig Einfluss auf das Gesamtwerk. Im Rahmen des Modells bilden beiden Aspekte der Dimension „Tätigkeitsspielraum" die Kontrollebene (Control), während die Dimension „Arbeitsanforderungen" die Anforderungsebene (Demands) bildet. Innerhalb beider Dimensionen kann die Ausprägung niedrig oder hoch sein. Daraus ergeben sich dann verschiedene Kombinationen bzw. Variationen.[26]

---

[25] Vgl. Emmermacher (2009), S.70
[26] Vgl. Gusy (2017), S.60-61

Die folgende Abbildung veranschaulicht die Struktur und die damit einhergehenden Variationen des Modells.

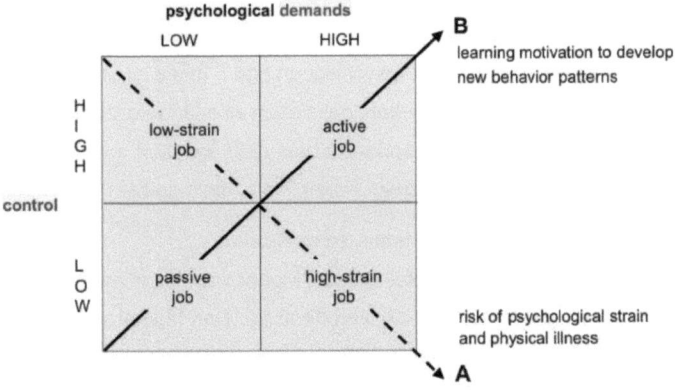

Abb.4: Job Demand- Control Modell
Quelle: Emmermacher (2009), S.70

Wie sich aus der Abbildung entnehmen lässt, sind Menschen, bei denen die Arbeitsanforderungen hoch und der Tätigkeitsspielraum bzw. die Kontrolle bei der Arbeit niedrig sind, besonders gefährdet. Im Gegensatz dazu werden bei Menschen, bei denen die Arbeitsanforderungen niedrig sind und der Tätigkeitsspielraum hoch ist, am wenigsten gesundheitliche Beeinträchtigungen erwartet.[27] Dabei wird das Risiko von Fehlbeanspruchung und Gesundheitsschäden durch die Diagonale A in der vorhandenen Abbildung gekennzeichnet. Die Diagonale B kennzeichnet hingegen die Lern- und Entwicklungsförderlichkeit am Arbeitsplatz. Diese ist bei Menschen, die hohen Arbeitsanforderungen bei gleichzeitig hohem Tätigkeitsspielraum ausgesetzt sind, am höchsten. Bei Menschen, bei denen hingegen die Arbeitsanforderungen sowie der Tätigkeitsspielraum niedrig sind, ist auch die Lern- und Entwicklungsförderlichkeit am geringsten. An dieser Stelle gilt es anzumerken, dass sich die Vorhersagen des Modells eigentlich auf pathogene Prozesse beziehen. Hypothesen zu salutogenen Prozessen sind dennoch möglich, da die Lern- und Entwicklungsförderlichkeit der Tätigkeit als Indikator positiver Gesundheit aufgefasst werden kann.[28]

---

[27] Vgl. Emmermacher (2009), S.71
[28] Vgl. Gusy (2017), S.61-62

16

Mit dem Job Content Questionnaire besteht ein Fragebogen mit 29 Items, welcher die zentralen Dimensionen des Job Demand- Control Modells abbildet. Innerhalb der Kontrolldimension wird der Entscheidungsspielraum mit 9 Items und die Arbeitsplatzunsicherheit mit 4 Items abgebildet. Die Anforderungsdimension wird durch 9 Items zu psychischen und 5 Items zu physischen Stressoren abgebildet. Es gilt anzumerken, dass auch eine längere Version mit 49 Items existiert. Hierbei wurden vorhandene Konstrukte erweitert sowie neue Aspekte, wie z.b. soziale Unterstützung am Arbeitsplatz, hinzugefügt.[29]

3.2 Job Demands- Ressources Modell

Das Job Demands- Ressources Modell wurde von mehreren Psychologen entwickelt und im Jahre 2001 veröffentlicht. Das Modell sollte ursprünglich dazu dienen, die Verursacher von Burnout zu identifizieren. Dennoch dient das Modell allgemein zur Vorhersage von positiven und negativen arbeitsbezogenen Einflüssen auf das Wohlbefinden bzw. die Gesundheit. Es werden also Faktoren in dem entsprechenden Arbeitskontext identifiziert und klassifiziert. Diese Faktoren lassen sich dabei in die Dimensionen „Anforderungen" (Demands) und „Ressourcen" (ressources) unterteilen. Unter Anforderungen sind alle physischen, sozialen und organisatorischen Aspekte bei der Arbeit zu verstehen, die physische oder mentale Anstrengung erfordern und deswegen mit speziellen physischen und mentalen Kosten verbunden sind. Darunter fallen Aspekte, wie z.B. Zeitdruck, Schichtarbeit sowie auch körperliche Arbeitsbelastung. Die Dimension „Ressourcen" meint gesundheitsschützende Faktoren, d.h. physische, psychologische und soziale Aspekte bei der Arbeit, die das Erreichen von Arbeitszielen unterstützen und die Anforderungen bei der Arbeit und die damit verbundenen Kosten reduzieren. Dies impliziert Aspekte, wie z.B. Belohnung, Rückmeldung, Partizipation, Job- Sicherheit, Job- Kontrolle als auch soziale Unterstützung. Es gilt an dieser Stelle nochmals hervorzuheben, dass nach dem Modell Anforderungen (Demands) grundsätzlich eine negative und gesundheitsschädliche Wirkung haben, während Ressourcen (Ressources) eine positive und gesundheitsprotektive Wirkung innehaben. Da die zwei Dimensionen interagieren, können Ressourcen auch negative Auswirkungen von Anforderungen dämpfen und somit die Belastung reduzieren.[30]

---

[29] Vgl. Gusy (2017), S.62-63
[30] Vgl. Bennemann (2019), S.30-31

Neben der Kategorisierung von potenziellen Faktoren postuliert das Modell zwei voneinander unabhängige Prozesse, den Gesundheitsbeeinträchtigungs- sowie den Motivationsprozess. Die Häufung von Anforderungen sind dem ersten Prozess zufolge die wichtigsten Prädiktoren für Belastung im Kontext der Arbeit. Anforderungen können auch zu einer Erschöpfung der Ressourcen führen. Dabei versucht der Körper zunächst, der Erschöpfung entgegenzuwirken und somit die Leistung aufrechtzuerhalten. Über einen längeren Zeitraum kann dies zu gesundheitlichen Problemen, wie etwa zur Erkrankung an Burnout, führen. Das kann zudem auch mit negativen Folgen für die entsprechende Organisation verbunden sein. Im Rahmen des zweiten Prozesses werden motivationale Mechanismen beschrieben. Ressourcen, die am Arbeitsplatz generiert werden, können zu einer höheren arbeitsbezogenen Motivation führen, was vor allem durch eine bessere Leistung sowie durch höheres Engagement gekennzeichnet ist. Ressourcen, die am Arbeitsplatz generiert werden, können durch die Erfüllung von grundlegenden Bedürfnissen, wie z.B. Autonomie oder soziale Kontakte realisiert werden. Das arbeitsbezogene Generieren von Ressourcen sowie die damit einhergehende erhöhte Motivation geht also insgesamt mit positiven Folgen für die Organisation sowie für das Individuum einher.[31]

Es lässt sich an dieser Stelle ergänzen, dass auch dieses Modell empirisch geprüft ist. Außerdem kann, vor dem Hintergrund der verschiedenen Rahmenbedingungen bei verschiedenen Unternehmen bzw. Organisationen, das Modell samt seinen Dimensionen für jedes Unternehmen individuell angepasst und operationalisiert werden. Deswegen kann das Modell und dessen Anwendung als relativ flexibel betrachtet werden. Es gilt dennoch anzumerken, dass davon ausgegangen wird, dass Ressourcen und Anforderungen existieren, die auf jeden Arbeitskontext zutreffen.[32] Ferner gilt es in diesem Kontext zu erwähnen, dass mit dem Fragebogen „Ressourcen und Anforderungen in der Arbeitswelt" (ReA) ein Instrument zur Verfügung steht, welches maßgeblich auf dem Job Demand-Ressource Modell basiert. Dieser Fragebogen beinhaltet 37 Skalen, wobei die Dimension „Anforderungen" mit 17 Skalen und die Dimension „Ressourcen" mit insgesamt 20 Skalen abgebildet werden.[33]

---

[31] Vgl. Schmidt (2019), S.12-15
[32] Vgl. Schmidt (2019), S.15
[33] Vgl. Schulte, Wittner, Kauffeld (2021), S.441

Die folgende Abbildung veranschaulicht nochmals die Struktur dieses Modells, wobei anzumerken gilt, dass die jeweiligen Ressourcen sowie Anforderungen weitere Aspekte beinhalten kann. Aufgrund der besseren Praktikabilität bei der bildlichen Darstellung wurden jeweils nur drei Aspekte aufgezählt. Die jeweiligen Einflüsse und Zusammenhänge sind mit der Farbe rot versehen, sofern sie negativ konnotiert sind und mit der Farbe grün, sofern sie positiv konnotiert sind.

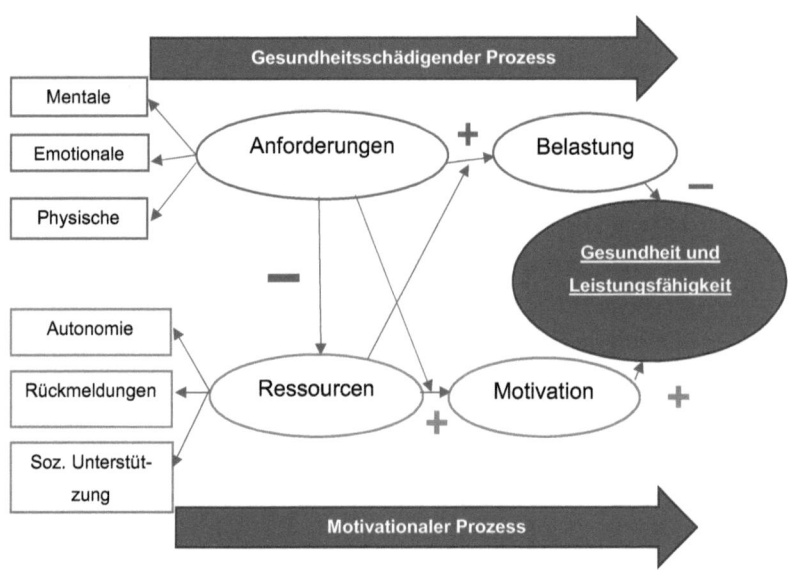

Abb.5: Job Demands- Ressources Modell
Quelle: Eigene Darstellung in Anlehnung an Bakker, Demerouti (2007), S.u.

3.3 Effort- Reward- Imbalance Modell

Das Effort- Reward- Imbalance Modell wurde von dem Medizinsoziologen Johannes Siegrist entwickelt und im Jahre 1996 veröffentlicht. Das Modell thematisiert, wie sich berufliche Verausgabung (effort) und Belohnung (reward) auf die Gesundheit auswirken. Dabei sind unter Verausgabungen Kosten, wie z.B. Zeitdruck, Verantwortung und steigende Anforderungen, zu verstehen. Unter Belohnungen (reward) werden Gewinne, wie z.B. Wertschätzung, berufliche Statuskontrolle und angemessene Entlohnung, verstanden. Belohnungen lassen sich dabei in die drei Ebenen Ökonomische (z.B. Gehalt), sozial- emotionale (z.B. positive Rückmeldungen) und die Ebene der Status- Kontrolle (z.B. Job- Sicherheit) unterteilen. Ferner wird zwischen extrinsischen (situationalen) und intrinsischen (persönlichen) Komponenten unterschieden. Dabei setzt sich die extrinsische Komponente aus Anstrengung und der Belohnung auf allen Ebenen zusammen, während die intrinsische Komponente mitunter spezifische Copingmuster hinsichtlich des Umgangs mit Jobanforderungen und erhaltenen Belohnungen impliziert. Sofern die beiden Variablen, Verausgabung (effort) und Belohnung (reward), in einem Ungleichgewicht stehen, führt dies zu Stressreaktionen und langfristig zu gesundheitsschädlichen Wirkungen.[34] Zudem kann eine solche Erfahrung als berufliche Gratifikationskrise verstanden werden. Dass die Rahmenbedingungen und Ereignisse als Stressoren fungieren, müssen zwei Bedingungen gegeben sein. Zum einen muss der Stressor ein bestimmtes Bedrohungspotenzial für das Individuum besitzen. Zum anderen muss die Intensität so hoch sein, dass die verfügbaren Ressourcen nicht ausreichen, um auf die Bedrohung angemessen zu reagieren.[35] Das Ungleichgewicht wird aufrechterhalten, wenn dieses aus strategischen Überlegungen akzeptiert wird, keine alternative Wahl verfügbar ist oder bestimmte Motivationsmuster (z.B. overcommitment bzw. Überengagement) gegeben sind.[36] Die folgende Abbildung veranschaulicht nochmals die Struktur des Effort- Reward- Imbalance Modells.

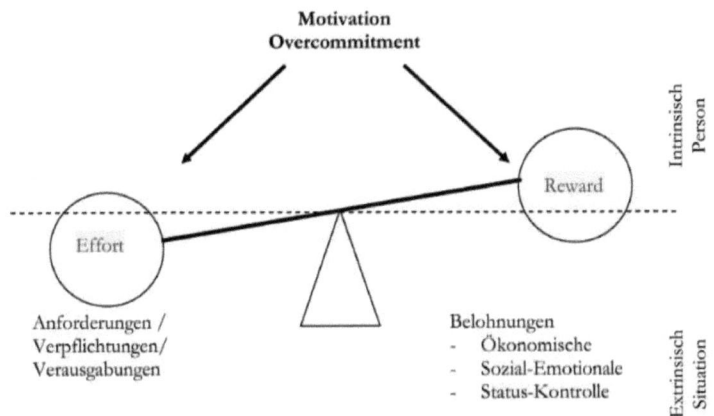

Abb.6: Effort- Reward- Imbalance Modell

Quelle: Stein (2007), S.6

---

[34] Vgl. Lanz (2010), S.50-51; Stein (2007), S.6-7
[35] Vgl. Lanz (2010), S.51
[36] Vgl. Stein (2007), S.6

Es gilt auch hier hinzuzufügen, dass dieses Modell mehrfach empirisch geprüft ist.[37] Außerdem existiert mit dem „Fragebogen zur Erfassung beruflicher Gratifikationskisten" (ERI) ein Instrument, welches auf dem Effort- Reward- Imbalance Modell beruht. Dieser besteht in seiner Kurzform aus 23 Items, wobei sich 6 Items auf die Verausgabung („reward"), 11 Items auf die Belohnung („effort") und 6 Items auf die berufliche Verausgabungsbereitschaft („motivation overcommitment") beziehen.[38]

3.4 Bedeutung für die Prävention und Rehabilitation

Vorab gilt es anzumerken, dass alle vorgestellten Modelle einen Zusammenhang zwischen Arbeit und Gesundheit postulieren. Konkreter gehen alle drei Modelle davon aus, dass arbeitsbezogene Stressoren in einem Zusammenspiel mit Kompensationsfaktoren- und prozessen, wie Belohnungen, das Anwenden von Ressourcen oder die erlebte Kontrolle, die Gesundheit des arbeitenden Individuums beeinflusst.

Für die Prävention ist dies insofern von Vorteil, da die Modelle Anhaltspunkte für die Gestaltung von arbeitsbezogenen Präventionsmaßnahmen liefern. Mithilfe der jeweiligen Fragebögen können gesundheitsrelevante Informationen gewonnen werden. Dadurch kann gegebenenfalls, im Sinne einer Verhältnisprävention, auf die notwendige Umstrukturierungen innerhalb eines Unternehmens bzw. einer Organisation aufmerksam gemacht werden. Infolgedessen können die Rahmenbedingungen, wie z.B. Autonomie oder Belohnungen, sozusagen modifiziert und an die Bedürfnisse der MitarbeiterInnen angepasst werden. So gilt es an dieser Stelle anzumerken, dass Unternehmen mit gesunden MitarbeiterInnen effizienter arbeiten.[39] Mithilfe der Modelle und dem damit einhergehenden Wissen können jedoch auch, im Rahmen der Primärprävention, bereits vorab entsprechende Rahmenbedingungen geschafft werden, sodass die zukünftigen MitarbeiterInnen sich entsprechend wohl fühlen und keinem bzw. dem geringstmöglichen gesundheitlichen Risiko ausgesetzt sind. Im Rahmen der Verhaltensprävention können die Modelle insofern dienen, dass die Kompensationsprozesse- und faktoren, auf die das Individuum maßgeblichen Einfluss hat, verbessert werden. So könnte beispielsweise an dem Copingstil gearbeitet werden. Allerdings

---

[37] Vgl. Lanz (2010), S.52
[38] Vgl. Lanz (2010), S.76
[39] Vgl. Jurczyk (2009), S.6

21

gilt es anzumerken, dass lediglich das Effort- Reward Imbalance Modell solche Kompensationsfaktoren impliziert, die von dem Individuum selbst beeinflusst bzw. gesteuert werden können. Insgesamt dienen die Modelle also aus Sicht der Prävention vor allem der Verhältnisprävention.

Hinsichtlich der Bedeutung der Modelle für die Rehabilitation gilt es zunächst festzustellen, dass die Nachhaltigkeit von Rehabilitationserfolgen auch von den Bedingungen des Unternehmens abhängig sind, in die das Individuum nach der Rehabilitation entlassen wird.[40] Deswegen sollten die Rahmenbedingungen von dem entsprechenden Unternehmen für das Individuum so angepasst werden, dass zumindest keine Verschlimmerung der Krankheit auftritt und die Leistungsfähigkeit soweit wie möglich wiederhergestellt bzw. erhalten wird. Sofern eine individuelle Anpassung der jeweiligen Rahmenbedingungen nicht möglich ist, kann eventuell die Arbeitszeit so angepasst werden, dass die Arbeit kein gesundheitlichen Risikofaktor für das Individuum darstellt.

-

---

[40] Vgl. Baumann (2019), S.39

Literaturverzeichnis

Bakker, A., Demerouti, E. (2007). The Job Demands-Resources model: state of the art. In: Journal of Managerial Psychology. Bingley: Emerald group publishing limited

Baumann, R. (2019). Einführung in die Rehabilitationspsychologie. Riedlingen: SRH Fernhochschule

Becker, B. (2014). Studienbrief Praxisfelder der differenziellen und Persönlichkeitspsychologie. Riedlingen: SRH Fernhochschule

Bennemann, E.-M. (2019). Die Arbeits- und Gesundheitsorganisation von Lehrkräften. Münster: Waxmann

Coenen, M., Rudolf, K.-D., Kus, S., Dereskewitz, C. (2018). Die internationale Klassifikation der Funktionsfähigkeit, Behinderung und Gesundheit. Heidelberg: Springer

Emmermacher, A. (2009). Gesundheitsmanagement und Weiterbildung. Heidelberg: Springer

Gebhard, B., Möller- Dreischer, S., Seidel, A. (2018). Frühförderung wirkt- von Anfang an. Stuttgart: Kohlhammer

Grampp, G. (2018). Die ICF verstehen und nutzen. Köln: Balance Buch + Medien Verlag

Gusy, B. (2017). Arbeit und Gesundheit: Eine metaanalytische Befundintegration. Berlin: FU Berlin

Heinrichs, M., Stächele, T., Domes, G. (2015). Stress und Stressbewältigung. Göttingen: Hogrefe

Hess, U. (2017). Allgemeine Psychologie II- Motivation und Emotion. Stuttgart: Kohlhammer

Jurczyk, E. (2009). Ausbildung und Gesundheit. Hamburg: Diplomica Verlag

Krohne, H. W. (2010). Psychologie der Angst: Ein Lehrbuch. Stuttgart: Kohlhammer

Lanz, C. (2010). Burnout aus ressourcenorientierter Sicht im Geschlechtervergleich. Wiesbaden: VS Verlag

Loh, A., Härter, M. (2009). Medizinische Entscheidungsfindung, Therapeut-Patienten-Beziehung und Patientenbeteiligung. Göttingen: Hogrefe

Nerdinger, F., Blickle, G., Schaper, N. (2011). Arbeits- und Organisationspsychologie. Heidelberg: Springer

Renneberg, B., Hammelstein, P. (2006). Gesundheitspsychologie. Heidelberg: Springer

Rentsch, O., Bucher, P. (2005). ICF in der Rehabilitation. Idstein: Schult- Kirchner Verlag

Stein, F. (2007). Psychoendokrinologische Evaluation eines Stressmanagement Trainings im beruflichen Umfeld einer Betriebskrankenkasse. Göttingen: Cuvillier

Schmidt, F. (2017). Burnout und Arbeitsengagement bei Hochschullehrenden. Heidelberg: Springer

Schulte, E.-M., Wittner, B., Kauffeld, S. (2021). Ressourcen und Anforderungen (ReA) in der Arbeitswelt: Entwicklung und erste Validierung eines Fragebogens. Heidelberg: Springer

Schuntermann, A. (2009). Einführung in die ICF: Grundkurs- Übung- offene Fragen. Hamburg: ecomed Medizin

Schuntermann, A., Archinal- Steyer, L., Aster-Schenck, I.-U., Aulepp, H., Beushausen, U., Bishun, S. et al. (2005). Internationale Klassifikation der Funktionsfähigkeit, Behinderung und Gesundheit- Stand Oktober 2005. Köln: Deutsches Institut für Medizinische Dokumentation und Information

Seiffge- Krenke, I., Lohaus, A. (2007). Stress und Stressbewältigung im Kindes- und Jugendalter. Göttingen: Hogrefe

Stächele, T., Heinrichs, M., Domes, G. (2020). Ratgeber Stress und Stressbewältigung. Göttingen: Hogrefe

Stetina, B., Kryspin- Exner, I. (2009). Gesundheit und neue Medien. Heidelberg: Springer

Wolf-Kühn, N., Morfeld, M. (2016). Rehabilitationspsychologie. Heidelberg: Springer